BEI GRIN MACHT SICH IHR WISSEN BEZAHLT

AF168032

- Wir veröffentlichen Ihre Hausarbeit,
  Bachelor- und Masterarbeit

- Ihr eigenes eBook und Buch -
  weltweit in allen wichtigen Shops

- Verdienen Sie an jedem Verkauf

Jetzt bei www.GRIN.com hochladen
und kostenlos publizieren

Bibliografische Information der Deutschen Nationalbibliothek:

Die Deutsche Bibliothek verzeichnet diese Publikation in der Deutschen National-
bibliografie; detaillierte bibliografische Daten sind im Internet über http://dnb.d-
nb.de/ abrufbar.

Impressum:

Copyright © 2014 GRIN Verlag
Druck und Bindung: Books on Demand GmbH, Norderstedt Germany
ISBN: 9783346115423

Dieses Buch bei GRIN:

https://www.grin.com/document/509873

Robin Kaiser

Glücksforschung. Was kennzeichnet Ihre innere Zufriedenheit?

GRIN Verlag

GRIN - Your knowledge has value

Der GRIN Verlag publiziert seit 1998 wissenschaftliche Arbeiten von Studenten, Hochschullehrern und anderen Akademikern als eBook und gedrucktes Buch. Die Verlagswebsite www.grin.com ist die ideale Plattform zur Veröffentlichung von Hausarbeiten, Abschlussarbeiten, wissenschaftlichen Aufsätzen, Dissertationen und Fachbüchern.

Besuchen Sie uns im Internet:

http://www.grin.com/

http://www.facebook.com/grincom

http://www.twitter.com/grin_com

Was kennzeichnet Ihre innere Zufriedenheit?

Eine Facharbeit zum Thema Glücksforschung

Student: Robin Kaiser

Studiengang: Psychologie

Semester: 2.

Modul: Testtheorie und Testkonstruktion
Abgabe am: 15.9.2014

Inhaltsverzeichnis

1) Einleitung

Jede Form der klinischen Psychologie beschäftigt sich damit, den Menschen von einem negativen, defizitären Zustand auf einen normativen, neutralen zu bringen. Die positive Psychologie, unter der auch die Glücksforschung größtenteils fällt, lässt den Bereich mit den negativen Vorzeichen weg und geht quasi vom Nullpunkt direkt in den positiven Bereich. Nun ist die derzeitige Forschungslage keineswegs im Gleichgewicht, da sie überwiegend auf den negativen Bereich fokussiert ist. Die klinische Psychologie und die damit zusammenhängende Krankheitsideologie schafft es aber nur, die psychologische Salutogenese bis zu einen gewissen Punkt voranzubringen. Für den vollständigen Heilungsprozess bedarf es also einer inneren Zufriedenheit. Diese lässt sich nur dann messen, wenn der wissenschaftliche Fokus von der Krankheitsideologie weg gerückt wird und im Licht der positiven Psychologie neu definiert wird. Mit dieser recht allgemeine gehaltenen Testrelevanz fällt es schwer, das Einsatzgebiet großflächig einzuschränken. Dies soll aber nicht heißen, dass eine hohe externe Validität gegeben sei, mit der wir eine Generalisierung der Ergebnisse hätten vornehmen können. Primär soll mit dem Fragebogen jedoch geklärt werden, ob soziale Interaktionen, individuelles Stressmanagement, persönliche Zielsetzungen, Belohnungsverhalten und regelmäßiger Sport sich positiv auf unsere individuelle Zufriedenheit auswirken. Die daraus resultierenden Ergebnisse können in der Zufriedenheitsforschung zur Aufklärung der Glücks -Varianz und als Leitfaden für Glücks-Interventionen zum Einsatz kommen. Der Fragebogen unterscheidet sich von anderen Messinstrumenten darin, dass die Erhebung nicht direkt die innere Zufriedenheit abfragt, sondern größtenteils kognitive Strategien und Tätigkeitsanreize erhebt, welche dann indirekt auf das Wohlbefinden zurückgeführt werden. Dank der fünf verschiedenen Subkategorien bietet der Fragebogen eine weit gefasste inhaltliche Streuung.

Diese theoretische Herangehensweise ist durchaus empirisch fundiert, da die direkte Beschäftigung und die aktive, manchmal auch schon zwanghafte Suche nach dem Glück, eher zu einer Glücksminderung führt. Tätigkeiten, die nicht primär zur Steigerung des Glückserlebens ausgeführt werden, wirken sich meist intensiv nachhaltiger dahingehend aus. Persönlicher Schwerpunkt der Arbeit ist die Differenzierung zwischen Sporttreibenden und nicht Sporttreibenden und die unterschiedliche Positionierung beider Gruppen zu den vorgegebenen Items. Von besonderem Interesse ist die subjektive Zufriedenheit mit dem eigenen Körper in Abhängigkeit von regelmäßigen sportlichen Betätigungen.

2) Theorie

„Wenn Du einen Menschen glücklich machen willst, dann füge nichts seinem Reichtum hinzu, sondern nimm ihm einige von seinen Wünschen." Epikur

2.1 Historie: Schon lange bevor es die Psychologie überhaupt gegeben hat, beschäftigten sich Philosophen mit dem guten und damit auch mit dem glücklichen Leben. Schon im alten Griechenland wurde erkannt, dass materielle Güter nicht annährend so stark das Glücksempfinden positiv beeinflussen wie innige Freundschaften. Laut Diogenes ist jene Person am glücklichsten, die nichts hat, weil ihr nichts genommen werden kann. Über diese damaligen Extrempositionen bildeten sich grundlegende Standpunkte aus, welche in abgewandelter Form bis heute Bestand haben. Von der Gelingenden Identitätsentwicklung nach Erikson (1973) über Gipfelerlebnisse nach Maslow (2002),bis hin zur Theorie der voll funktionierenden Persönlichkeit nach Rogers (2006), gab es immer wieder Psychologen, die versucht haben, das Lebensglück und die individuelle Lebensgestaltung in eine Theorie oder ein Modell zu zwängen.

2.2 Quantitative Messungen: Zahlreiche Autoren identifizieren Glück als „Lebenszufriedenheit" (Karlheinz Ruckriegel, 2007; Veenhoven, 1989). Auch wenn an dieser Gleichsetzung kritisiert wird, dass Glück eher mit einer intensiv erlebten Emotionalität und Lebenszufriedenheit als mit einer grundlegenden kognitiven Bewertungstendenz in Verbindung gebracht wird, wird in dieser Arbeit nicht semantisch zwischen den beiden Konstrukten differenziert. Das in unserem Fragebogen erfasste Konstrukt der inneren Zufriedenheit bildet eine Subkategorie des allumfassenden Worts Glück.
Das multidimensionale hypothetische Konstrukt der inneren Zufriedenheit unterliegt starken subjektiven Schwankungen. Dementsprechend muss die Operationalisierung vielschictig und umfassend gestaltet sein, um das Konstrukt in seiner Gesamtheit zu erfassen.
Es gibt zwar Versuche Glück über Einzelitems zu erfassen, der daraus resultierende Informationsgehalt hält sich wegen fragwürdiger Reliabilität und mangelnder statistischer Auswertbarkeit in Grenzen. Das Standartmessinstrument hat sich in der kurzen Historie der empirischen Glücksforschung noch nicht gefunden. Dies liegt unter anderem an der schon angesprochenen starken Subjektivität des Begriffes, aber auch an der kulturabhängigen Variabilität. Im angloamerikanischen Raum jedoch hat sich das „Oxford Happiness Inventory" (OHI) oder zu Deutsch das Oxford-Glücks-Inventar großflächig etabliert.

Dieses besteht aus 29 Items welche vierstufige Antwort Ausprägung zulässt. Die Items wurden in drei Kategorien klassifiziert:

- Häufigkeit und Intensität positiver Affekte,

- durchschnittliche Lebenszufriedenheit über einen bestimmten Zeitraum hinweg,

- Abwesenheit negativer Emotionen, speziell Angst und Depression (Argyle & Crossland, 1987)

2.3 Aufklärung der Glücksvarianz: Um zu rekonstruieren, welche Faktoren zu welchen Prozentsatz unser Glücksgefühl determinieren, bedarf es einer ungeheuren Zahl an wissenschaftlichen Studien. Und selbst heute variieren die probabilistischen Angaben der aufgeklärten Glücksvarianz von Lehrbuch zu Lehrbuch. Als Konsens etablierte sich jedoch eindeutig, dass etwa 50 Prozent unseres inneren Glückserlebens genetisch festgelegt und über die Lebensdauer relativ stabil ist. Diese Determinante wird überwiegend vom endokrinen System festgelegt (Anton Bucher, 2009). Lediglich circa 10 Prozent werden durch die Lebensumstände beeinflusst (in welchem Land lebe ich , welcher Kultur /Religion gehöre ich an, was ist mein sozialer Status usw....). Ungefähr 40 Prozent seien veränderbar, dies aber auch weniger in der Veränderung der Lebensumstände als vielmehr im Aktivitätsspektrum (Sheldon & Lyubomirsky, 2007) und den kognitiven Bewertungsprozessen.

2.4 Die Differenzierung von eudämonistischem und hedonistischem Glückserleben:
Hedonistisches Glück ist die Form des Glücks ,die überwiegend aus physiologischem Vergnügen resultiert. Hauptdogma des Hedonismus ist das Streben nach Lustgewinn und das gleichzeitige Vermeiden von Schmerz und Unlust. Dies wird versucht zu erreichen über Sinnesgenüsse wie Essen, Trinken, Konsum oder Sex. Hedonistisches Glücksempfinden ist evolutionär verankert, und in quantitativen Studien gut zu operationalisieren.
Eudämonistisches Glück entsteht durch die Verwirklichung eigener Potenziale und das damit einhergehende psychische Wachstum. Sowohl die positiven Affekte, die mit dem Lernen einhergehen, als auch die Zufriedenheit, welche aus einer tugendhaften und altruistischen Handlung heraus resultiert, tragen zu einer Zunahme von eudämonistischem Glück bei.
Oft wird dieses auch mit dem Konstrukt des psychologischen Wohlbefinden gleichgesetzt.
Die Operationalisierung dieses Konstrukts erweist sich als deutlich schwerer und umfangreicher als das hedonistische Glücksgefühl. Umfangreiche Instrumente zur Messung von Glück inkludieren beide Glücksformen, da sich diese nicht gegenseitig ausschließen, sondern gegenteilig bedingen und komplementieren.
Auch der von uns konzipierte Fragebogen enthält Aspekte aus beiden Glückskonzepten.
Klassisches Items zur Erfassung von hedonistischem Glückserleben sind zum Beispiel:
Habe ich mir im letzten Monat etwas gegönnt, das jetzt noch zu meinem Wohlbefinden beiträgt? Dient Konsum als Trost, wenn sich etwas nicht zu meiner Zufriedenheit erfüllt hat?

Folgende Items erfassen eher eudämonistisches Glückserleben: *Habe ich meinen Traumberuf erreicht, oder bin auf dem Weg dahin? Wenn mir etwas misslingt, bin ich zornig auf mich?* Wobei letzteres revers codiert ist. Grundsätzlich ist unser Instrument zur Erfassung der inneren Zufriedenheit aber eher auf die Messung eudämonistischen Glückserlebens zugeschnitten.

3) Fragebogen

Bei dem von uns konstruierten Fragebogen handelt es sich um einen standardisierten, papiergebundenen Paper-Pencel-Test, welcher bei jeder Versuchsperson identisch gewesen ist. Der Fragebogen beginnt mit einer thematischen Einleitung gefolgt von der Zielsetzung unserer Befragung. Diese Instruktion soll an das Thema heranführen und den Versuchspersonen das Antwortformat näherbringen. Im Instruktionstext wird um eine ehrliche, und auf Selbstreflexion basierende Beantwortung gebeten.
Die Ankreuzmöglichkeiten wurden anfangs auf eine pro Item beschränkt, wobei noch einmal ausdrücklich mitgeteilt wurde, dass fehlende Werte oder doppelte Ankreuzungen nicht ausgewertet werden können. Die Instruktion endete mit Kontaktdaten zu einer Facebook Gruppe, die eigens für diese Erhebung erstellten wurde. Zusätzlich zu der Haupteinleitung gibt es zu Anfang jeder Subkategorie noch einen individuell gestalteten, meist thematisch instruierenden Abschnitt.
Grundsätzlich besteht der Fragebogen aus einem soziodemographischen Kopf und 5 Unterthemen, die mit der inneren Zufriedenheit in Verbindung gebracht werden. Bis auf das Subthema Sport, welches aus 7 Items besteht, umfassen alle anderen Bereiche 6 Items.
Zu den erhobenen soziodemographischen Aspekten gehören Geschlecht, Alter (16-25, 26-40, 41-61, 60 +), berufliche Tätigkeit (Schüler/Student/Azubi, Angestellter, Selbstständiger, Arbeitssuchend, Rentner), Beziehungsstatus (ledig, feste Partnerschaft, Wunsch auf Beziehung, verheiratet, verwitwet) und die Frage nach Kindern (ja, nein).
Zur Auflockerung des ansonsten standardisierten, vorgegebenen Antwortformats besitzt das Themenfeld Coping und Stressbewältigung ein offenes Aufgabenformat. Bei diesem Item wird die Versuchsperson gebeten ein Beispiel ihrer eigenen bewährten Coping -Strategie darzulegen.

Die Erfassung von Einstellung und subjektiven Präferenzen, zu denen auch das von uns entwickelte Konstrukt gehört, ist theoriegebunden an die Likert-Skala. Deswegen sind die Antwortmöglichkeiten der vierstufigen Ratingskala als äquidistant zu betrachten :

   (1) trifft zu - (2) trifft teilweise zu – (3) trifft kaum zu –(4) trifft nicht zu

Wir haben uns bewusst für eine vierstufig Skalierung entschieden, um zentrale Tendenzen wie die Regression zur Mitte zu umgehen und die Versuchspersonen zu einer affirmativen oder ablehnenden Beantwortung des Items zu bewegen. Die Subthemen „Belohnung" und

„Persönliche Ziele" bieten zusätzlich zur vierstufigen Ratingskala „keine Angabe" als Antwortmöglichkeit an, möglicherweise weil diese Themen besonders persönliche und sensitive Items enthalten.

Die Items werden inhaltliche folgendermaßen kategorisiert: Items 2 und 4 erfragen überwiegend emotionale Komponenten, die mit sportlicher Betätigung einhergehen (körperliche Bewegung verbinde ich mit positiven Emotionen ; ich fühle mich gut nach einer anstrengenden sportlichen Betätigung). Items 3 und 6 gehen eher mit einer kognitiven Bewertung einher (Zeit in körperliche Bewegung zu investieren erachte ich als sehr sinnvoll ; ich bin davon überzeugt, dass Sport meine Lebensqualität erheblich steigert). Items 1 und 5 umfassen konative, direkt beobachtbare Aspekte (ich habe einen Bewegungsdrang ; ich setze mir sportliche Ziele) . Item 7, welches bewusst eine randständige Position einnimmt, fällt aus der Trigonometrie Emotion, Kognition, Konation etwas heraus und muss gesondert betrachtet werden. Schlussendlich bildet das Konstrukt der sportlichen Betätigung im Zusammenhang mit der Lebenszufriedenheit auf den Ebenden Emotion, Kognition und Konation das zentrale Merkmal, welches es zu messen gilt.

4) Erhebungsmethode

Zwischen Februar und Juni 2014 wurden 32 Exemplare des Fragebogens in Umlauf gebracht. Vor dem Ausfüllen wurde mündlich die vollständige Anonymität und die ausschließliche Verwendung zu hochschulinternen Zwecken zugesichert. Diese 2 bis 3 Sätze, die bei der Ausgabe der Fragebögen mitgeteilt wurden, wurden konstant gehalten, um eine Standardisierung zu gewährleisten.
Während des Ausfüllens war eine ständige Anwesenheit des Versuchsleiters und damit eine Ansprechmöglichkeit bei möglichen Fragen und Kommentaren gegeben. Hierbei wurde jedoch darauf geachtet, dass der Befragende nicht im offensichtlichen Sichtfeld der Versuchsperson stand. Diese würde sich dadurch möglicherweise gehemmt fühlen, private Angaben über sich zu machen. Die Befragung fand überwiegend in einer Physiotherapie und bei zwei öffentlichen Veranstaltungen statt. Dabei wurde auf eine Kontextvariation geachtet (Arbeitsumfeld / Freizeitumfeld).
Die Rücklaufquoten waren mit 84 % sehr beachtlich (27 von 32 verteilten Fragebögen). Dies kann unter anderem an dem hohem Interesse an Glücksforschung oder an dem Belohnungsanreiz in Kuchenform für jeden ausgefüllten Fragebogen gelegen haben. Für eine vollständige Stichprobenbeschreibung bzw. Versuchspersonenrekrutierung verweise ich auf die Facharbeiten meiner Kommilitonen.

Die soziodemographische Beschreibung der Stichprobe ergab 49,4 % Männer und 50,6 % Frauen (gültige Prozente), dies entspricht in etwa den Populationsmittelwerten der Grundgesamtheit. Von diesen hatten 40,5 % bereits eigene Kinder. Weitere wichtigsten demographische Kennwerte folgen tabellarisch.

Alter

		Häufigkeit	Prozent	Gültige Prozente
	16-25 Jahre	25	31,6	31,6
	26-40 Jahre	27	34,2	34,2
Gültig	41-60 Jahre	24	30,4	30,4
	60 und älter	3	3,8	3,8
	Gesamt	79	100,0	100,0

Tabelle 1a: deskriptive, demographische Kennwerte

Die ersten drei Altersklassen sind prozentual etwa gleich vertreten und liefern somit statistisch wertvolle Daten. Die Häufigkeit der Klasse 60+ ist mit 3,8 % so gering ausgefallen, dass diese keinerlei statistische Auswertbarkeit nach sich sieht und somit heraus selektiert werden müsste.

Haupttätigkeit

		Häufigkeit	Prozent	Gültige Prozente
	Schüler/Student/Azubi	24	30,4	31,6
	Angestellter	36	45,6	47,4
Gültig	Selbstständiger	7	8,9	9,2
	Arbeitssuchend	2	2,5	2,6
	Rentner	7	8,9	9,2
	Gesamt	76	96,2	100,0
Fehlend	9	3	3,8	
Gesamt		79	100,0	

Tabelle 1b: deskriptive, demographische Kennwerte

8

Beziehungsstatus

		Häufigkeit	Prozent	Gültige Prozente
Gültig	ledig	20	25,3	25,3
	feste Partnerschaft	27	34,2	34,2
	Wunsch auf Beziehung	10	12,7	12,7
	verheiratet	21	26,6	26,6
	verwitwet	1	1,3	1,3
	Gesamt	79	100,0	100,0

Tabelle 1c: deskriptive, demographische Kennwerte

5) Deskriptive Beschreibung des erfassten Merkmals

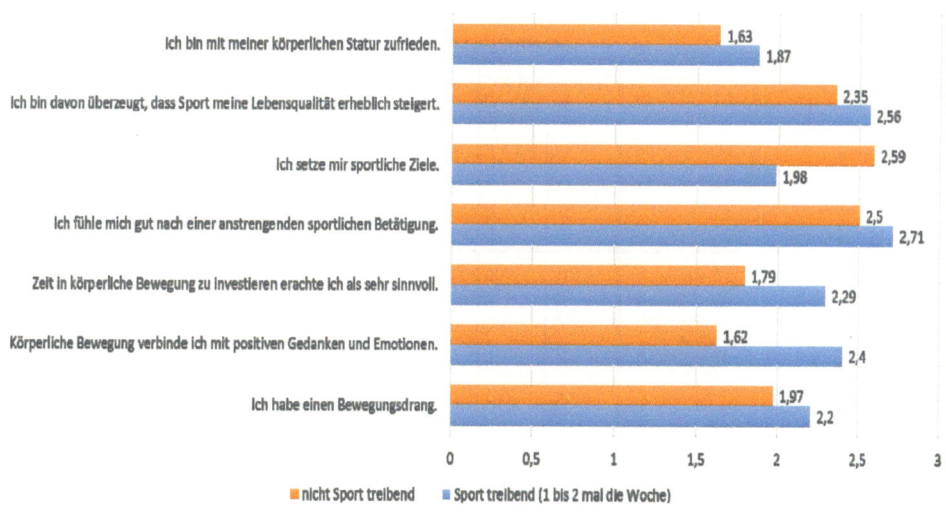

Abb. 1: Vergleich der Mittelwerte, in Ausprägung aller erhobenen Items, von Sporttreibenden und nicht Sporttreibenden .

(0 = trifft nicht zu ; 1 = trifft kaum zu ; 2= trifft überwiegend zu ; 3 = trifft zu)

Die emotionalen, kognitiven und konativen Elemente des erfassten Merkmals der subjektiv sportlichen Relevanz im Zusammenhang mit gesteigerter Zufriedenheit können als intervallskaliert betrachtet werden und ermöglichen dadurch den Zugang zu den dazu gehörigen, adäquaten statistischen Auswertverfahren.

Wie zu erwarten zeichnete sich bei den Sporttreibenden eine höhere affirmative Tendenz zu den einheitlich codierten Items ab (s. Abb. 1) . Klar von dieser Tendenz abweichend befindet sich das Item _ich setze mir sportliche Ziele_. Unter kritischer Betrachtung liegt dies aber nicht daran, dass nicht Sporttreibende sich eher sportliche Ziele setzen, sondern daran, dass die Item-Formulierung von Tabelle A zu Tabelle B zu stark variiert. Hier schlägt sich lediglich signifikant nieder , dass das Item _Ich setze mir sportliche Ziele_ (Tabelle A) keineswegs als äquivalent zu dem Item _ich habe den Vorsatz mir in Zukunft sportliche Ziele zu setzen_ (Tabelle B) zu betrachten ist.

Letzteres findet unter anderem über soziale Erwünschtheit eine höhere Zustimmungstendenz. Für eine inhaltlich fehlerfreie Interpretation des Item-Paares ist eine Umformulierung hin zur größeren Kongruenz erforderlich. Die Mittelwertunterschiede zwischen Sporttreibenden und nicht Sporttreibenden wurden mithilfe eines T-Tests für unabhängige Stichproben analysiert.

Test bei unabhängigen Stichproben

		Levene-Test der Varianzgleichheit		T-Test für die Mittelwertgleichheit					95% Konfidenzintervall der Differenz	
		F	Signifikanz	T	df	Sig. (2-seitig)	Mittlere Differenz	Standardfehler der Differenz	Untere	Obere
VAR1	Varianz homogen	4,610	,035	-1,204	77	,232	-,229	,191	-,609	,150
	Varianz heterogen			-1,157	58,990	,252	-,229	,198	-,626	,167
VAR2	Varianz homogen	11,720	,001	-4,157	77	,000	-,782	,188	-1,157	-,408
	Varianz heterogen			-3,920	53,001	,000	-,782	,200	-1,183	-,382
VAR3	Varianz homogen	,292	,591	-1,792	77	,077	-,407	,227	-,858	,045
	Varianz heterogen			-1,774	68,473	,080	-,407	,229	-,864	,051

10

Varianz homogen	7,889	,006	-1,447	77	,152	-,211	,146	-,502	,079
Varianz heterogen			-1,364	52,871	,178	-,211	,155	-,522	,099
VAR5 Varianz homogen	4,319	,041	3,307	77	,001	,699	,211	,278	1,120
Varianz heterogen			3,433	76,988	,001	,699	,204	,294	1,105
VAR6 Varianz homogen	5,087	,027	-1,168	77	,246	-,203	,173	-,548	,143
Varianz heterogen			-1,135	62,675	,261	-,203	,178	-,559	,154
VAR7 Varianz homogen	,101	,751	-,843	77	,402	-,160	,190	-,538	,218
Varianz heterogen			-,857	74,904	,394	-,160	,187	-,532	,212

Tabelle 2: T-Tests für unabhängige Stichproben

VAR1 : Ich habe einen Bewegungsdrang.
VAR2 : Körperliche Bewegung verbinde ich mit positiven Gedanken und Emotionen.
VAR3 : Zeit in körperliche Bewegung zu investieren erachte ich als sehr sinnvoll.
VAR4 : Ich fühle mich gut nach einer anstrengenden sportlichen Betätigung.
VAR5 : Ich setze mir sportliche Ziele.
VAR6 : Ich bin davon überzeugt, dass Sport meine Lebensqualität erheblich steigert.
VAR7 : Ich bin mit meiner körperlichen Statur zufrieden.

Leider ergab sich lediglich bei dem Item *körperliche Bewegung verbinde ich mit positiven Gedanken und Emotionen* ein statistisch signifikanter Unterschied zwischen Sportlern und nicht Sportlern. Möglicherweise wären durch eine höhere Versuchspersonenzahl auch andere Item-Paare statistisch signifikant geworden.

Durch die oft zu leicht gehaltene Item-Schwierigkeit (s. Itemanalyse S. 11) zeichnen sich zu starke Affirmation in der Item-Beantwortung ab. Dies hat zur Folge, dass die erhoffte Normalverteilung oft nicht vorhanden, oder, wenn doch, stark linksgipflig ist. Über Modifikationen der Items hin zu einer extremeren Positionierung könnte dieses Problem behoben werden. Aus dem Item *ich fühle mich gut nach einer anstrengenden sportlichen Betätigung* könnte beispielsweise *ich fühle mich hervorragend nach einer sehr anstrengenden sportlichen Betätigung* werden. Das Item, welches am ehesten an eine

11

Normalverteilung heranreicht, ist jenes, welches die Zufriedenheit mit der eigenen körperlichen Statur abfragt.

In der Variation des Alters und des Beziehungsstatus als demographische Variable zeichneten sich keine klaren Tendenzen im Zusammenhang zu den Mittelwerten der erfassten Merkmale ab, zumal die Alterskategorie 60+ wegen mangelnder Personenzahl nicht auswertbar ist.

Interessant ist aber die Feststellung , dass Verheiratete und Personen in einer festen Beziehung eher dazu tendieren, körperliche Bewegung mit positiven Gedanken und Emotionen zu verbinden, Zeit in körperliche Bewegung zu investieren als sinnvoll zu erachten, sowie einen Bewegungsdrang an den Tag zu legen. Auf allen diesen drei Variablen haben Personen, die derzeitig ledig sind oder den Wunsch nach einer Beziehung angegeben haben, eine dazu verhältnismäßig stärkere Ablehnung dokumentiert.

6) Itemanalyse

Die Datenauswertung erfolgte mit IBM SPSS Statistics 21. Vor der Berechnung der bedeutendsten Item-Kennwerte wurden deskriptive Statistiken erstellt, um die Item-Kennwertverteilungen zu veranschaulichen. Bei der Eignungsprüfung für die Item-Selektion stellte sich vor allem, wie schon zuvor theoretisch angenommen, das letzte Item (*Ich bin mit meiner körperlichen Statur zufrieden*) als kritisch heraus. Dies liegt darin begründet, dass es sich inhaltlich stark von den anderen Items abgrenzt und so auch eine hohe Trennschärfe (.60-.56) besitzt. In einem streng wissenschaftlichen Kontext müssten Items, welche eine Trennschärfe von <.30 besitzen, heraus selektiert werden. Hätten wir dieses Item aber herausselektiert, wäre es der inneren Konsistenz (Cronbachs-Alpha) zugutegekommen, und wir hätten bei den Sporttreibenden einen Wert von bis zu $\alpha = .721$ erreichen können, was per Konvention schon eine akzeptable Wert-Ausprägung dargestellt hätte.

Nicht Sporttreibende	M	SD	rit, corr	pm
Ich habe einen Bewegungsdrang	2,03	0,969	.424	.51
Körperliche Bewegung verbinde ich mit positiven Gedanken und Emotionen.	2,38	1,015	.421	.60
Zeit in körperliche Bewegung zu investieren erachte ich als sehr sinnvoll.	2,12	1,038	.482	.53
Ich fühle mich gut nach einer anstrengenden sportlichen Betätigung.	1,50	0,788	.624	.38
Ich habe den Vorsatz, mir in Zukunft sportliche Ziele zu setzen.	1,41	0,783	.586	.35
Ich bin davon überzeugt, dass Sport meine Lebensqualität erheblich steigern könnte.	1,65	0,849	.561	.41
Ich bin mit meiner körperlichen Statur zufrieden	2,38	0,779	.598	.60
α Cronbachs-Alpha		.578		

Tabelle 3a: Item- und Skalenwerte der einzelnen Faktorausprägungen

Sporttreibende (mindestens 1 bis 2 mal die Woche)	M	SD	rit,corr	pm
Ich habe einen Bewegungsdrang.	1,80	,726	.606	.45
Körperliche Bewegung verbinde ich mit positiven Gedanken und Emotionen.	1,60	,654	.595	.40
Zeit in körperliche Bewegung zu investieren erachte ich als sehr sinnvoll.	1,71	,968	.572	.43
Ich fühle mich gut nach einer anstrengenden sportlichen Betätigung.	1,29	,506	.612	.32
Ich setze mir sportliche Ziele.	2,11	1,02	.655	.53
Ich bin davon überzeugt, dass Sport meine Lebensqualität erheblich steigert.	1,44	,693	.588	.36
Ich bin mit meiner körperlichen Statur zufrieden.	2,22	,876	721	.56
α Cronbachs-Alpha		.660		

Tabelle 3b: Item- und Skalenwerte der einzelnen Faktorausprägungen

(M = Mittelwert; SD = Standardabweichung, rit,corr=Trennschärfe, pm = Itemschwierigkeit, α = Cronbachs-Alpha)

13

Keine der erfassten Items besitzt eine Missing-Rate, was einerseits für die gründliche Bearbeitung der Probanden, andererseits für die einfach gehaltene Bearbeitbarkeit der abgefragten Items sprichst. Die höchsten Missing-Raten des Fragebogens finden sich in der Stringvariablen: *Bitte geben Sie ein Beispiel, was Ihnen Halt gibt und sich für Sie persönlich als hilfreich bewährt hat, um ein Problem besser zu bearbeiten (z.B. Bewältigungsstrategie, Ausgleich, Religion usw.)*. Diese müsste ebenfalls unter streng wissenschaftlichen Gesichtspunkten heraus selektiert werden, da sie eine Missing-Rate >5 besitzt.

Die Items untereinander besitzen überwiegend gute bis moderat/schwache Interkorrelationen. Mit .642 bildet die Korrelation zwischen dem Bewegungsdrang und der zu Bewegung positiv assoziierten Gedanken und Gefühle die stärkste gegenseitige Abhängigkeit. Mit einer durchschnittlichen Interkorrelation von .319 bildet das Item *Zeit in körperliche Bewegung zu investieren erachte ich als sehr sinnvoll* die stärkste Durchschnittsausprägung und beweist dadurch seine Wichtigkeit auch für andere statistische Auswertverfahren, wie die Überprüfung der Reliabilität.

Auch hier fällt das Item *Ich bin mit meiner körperlichen Statur zufrieden* etwas durch das Raster, da es so gut wie überhaupt nicht mit den anderen Items korreliert. Seine Korrelation fluktuiert um den Nullpunkt von .214 bis -.137.

Inter-Item-Korrelationsmatrix

	Ich habe einen Bewegungsdrang	Körperliche Bewegung verbinde ich mit positiven Gedanken und Emotionen	Zeit in körperliche Bewegung zu investieren erachte ich als sehr sinnvoll	Ich fühle mich gut nach einer anstrengenden sportlichen Betätigung	Ich setze mir sportliche Ziele.	Ich bin davon überzeugt, dass Sport meine Lebensqualität erheblich steigert.	Ich bin mit meiner körperlichen Statur zufrieden
Ich habe einen Bewegungsdrang.	1,000	,642	,401	,223	,122	,000	,214
Körperliche Bewegung verbinde ich mit positiven Gedanken und Emotionen.	,642	1,000	,603	,083	,169	,201	,000
Zeit in körperliche Bewegung zu investieren erachte ich als sehr sinnvoll.	,401	,603	1,000	,221	,261	,569	-,137
Ich fühle mich gut nach einer anstrengenden sportlichen Betätigung.	,223	,083	,221	1,000	,418	,534	,211
Ich setze mir sportliche Ziele.	,122	,169	,261	,418	1,000	,344	-,079
Ich bin davon überzeugt, dass Sport meine Lebensqualität erheblich steigert.	,000	,201	,569	,534	,344	1,000	,133
Ich bin mit meiner körperlichen Statur zufrieden.	,214	,000	-,137	,211	-,079	,133	1,000

Tabelle 4 : Inter-Item-Korrelationsmatrix

15

7) Reliabilitäts- und Validitätsanalyse

Die Reliabilitätsanalysen ergaben eine innere Konsistenz von .578 bei den nicht Sporttreibenden. Diese liegt im Bereich der fragwürdigen Reliabilität und ist unter anderem der niedrigen Versuchspersonenzahl geschuldet (N= 34). Bei den Sporttreibenden liegt die Reliabilität mit .660 im akzeptablen Bereich. Hier sind es mit N=45 aber auch schon deutlich mehr Versuchspersonen. Reliabilität im Bereich von .80 ist als gut zu interpretieren und gilt in offiziellen wissenschaftlichen Arbeiten als Richt- und Normwert.

Reliabilitätsstatistiken	
Cronbachs Alpha	Anzahl der Items
,660	7

Tabelle 5a : Cronbachs Alpha
nicht Sporttreibende

Reliabilitätsstatistiken	
Cronbachs Alpha	Anzahl der Items
,578	7

Tabelle 5b : Cronbachs Alpha Sporttreibende

Ein leichter Weg bessere Werte in den Hauptgütekriterien zu erreichen besteht darin, das Konstrukt möglichst genau zu definieren und an schon bestehende Konstrukte anzulehnen. Auch erlaubt es die Erhebungsmethode des Fragebogens eine große Stichprobenanzahl ohne erheblichen Aufwand zu befragen und auszuwerten, welches automatisch mit einer erhöhten Reliabilität einhergeht . Dies passiert, weil sich Messfehler im Vergleich zum zu messenden Konstrukt tendenziell eher herausselektieren.
Für eine Reliabilitätsoptimierung ist es hilfreich, eine Substichprobe zu befragen und diese über Retestberechnungen mit der Hauptstichprobe zu vergleichen. So ist es möglich, situative Fehlervarianzen, die der Umwelt und dem derzeitigen psychologischen Zustand der Versuchspersonen geschuldet sind, zu relativieren.
Um die Validität des von uns gemessenen Konstrukts der sportlichen Betätigung im Zusammenhang mit der Lebenszufriedenheit zu verbessern, könnte man einen schon etablierten Test als externes Kriterium zu Rate ziehen. Das in diesem Test erfasste Merkmal könnte beispielsweise sportliche Aktivität im Zusammenhang mit der Abwesenheit von psychischen Störungen beinhalten. Mithilfe der konvergenten Validität könnte man das von uns geschaffene Konstrukt mit dem Konstrukt des anderen Fragebogens statistisch in Verbindung bringen und so eine erhöhte Validität erreichen.

8) Diskussion

Die Item-Formulierungen wurden versucht so zu gestalten, dass sie die Lebenszufriedenheit inkludieren. Unter kritischer Betrachtung fällt es jedoch schwer, die von uns erstellte Zielrichtung der Arbeit ausführlich zu beantworten, da ein korrelatives Verhältnis zu einer spezifisch abgefragten, individuellen Zufriedenheit fehlt. Folgendes Item hätte man noch zusätzlich abfragen können: *insgesamt betrachtet, wie steht es derzeitig in ihrem Leben?* Die Skalierung dieses Items könnte von 0 (ganz und gar unzufrieden) bis 10 (ganz und gar zufrieden) reichen. Mit diesen erhobenen Daten könnte man direkte korrelative Zusammenhänge zwischen der Lebenszufriedenheit und den Subkategorien berechnen. In Anbetracht dessen, dass das primäres Ziel dieser Arbeit aber nicht in der wissenschaftlichen Untersuchung korrelativer Zusammenhänge lag, sondern in der Durchführung, Erhebung und Entwicklung eines psychologischen Konstrukts in einem Fragebogens, ist es möglich, auf die direkte Erfassung der Lebenszufriedenheit durch ein solches Einzelitem zu verzichten.

Die Zielstellung des Fragebogens ist unter anderem schon wegen seiner inhaltlichen Variosität schwer auf einen gemeinsamen Konsens zu bringen. Durch die Unterscheidung zwischen Sporttreibenden und nicht Sporttreibenden ergeben sich messwerttechnisch interessante Ergebnisse, die einer eigenständigen Zielformulierung bedürfen. Die Items sollten auch dahingehend umformuliert werden, dass beide Gruppen exakt die gleichen Items erhalten. An interventionale Anwendung der erfassten Daten ist in diesem Stadium des entwickelten Instruments nicht zu denken. Um unseren Fragebogen als in sich stimmiges Instrument zu nutzen, bedarf es besonders zwischen den Subthemen mehr Einheitlichkeit und semantische Homogenität. Nur über diesen Weg wird ein deutlich stärkeres Instrument konstruiert, auch wenn damit gleichzeitig die Spanne des Aussagegehalts Verluste hinzunehmen hat.

Die von uns gesammelten Daten sind Informationen, welche aus dem Prozess der Selbstreflektion entstanden sind. Somit unterliegen sie bei kritischer Betrachtung einiger subjektiver Verzerrungstendenzen, welche durch überwiegend retrospektive Beurteilung der emotionalen Innenwelt noch verstärkt werden. Eine sehr offensichtliche Tendenz, die als unsystematische Varianz Eingang in die Daten nimmt, ist der sogenannte "mood congruent recall". Dieser besagt , dass Personen, welche sich in einer gehobenen Stimmung befinden, tendenziell eher positive Erinnerungen salient haben. Dies kann natürlich auch bei negativer Stimmung vorkommen und führt besonders bei der Erfragung von Glück zu personenabhängiger Fehlervarianz. Diese ist im Großen und Ganzen zu tolerieren, da es unmöglich ist, alle inneren Vorgänge auf das Genauste in empirischen Mustern festzuhalten. Durch die Variation des Kontexts bei der Personenrekrutierung (wie es in dieser Arbeit passiert ist) oder durch Prätests, welche zusätzlich zum Lebensglück die aktuelle Stimmung erfragen, ist es möglich, dem "mood congruent recall" als Fehlervarianz etwas entgegenzuarbeiten. Grundsätzlich fällt es den Menschen schwer aus dem jetzigen Istzustand heraus einen zeitlich längeren, zurückliegenden Lebensabschnitt qualitativ zu bewerten, ohne dass der jetzige Istzustand Einfluss auf diese Bewertung nimmt. Wie volatil die eigene Stimmung ist beweist eine Studie von Mayring,1991, in der herausgefunden wurde, dass selbst die Bearbeitung eines Glücksfragebogens dazu führen kann, dass das generelle Lebendglück am Schluss höher eingeschätzt wird als zum Anfang der Befragung.

Alles in allem ist die Facharbeit als sehr lehrreich einzustufen, da der Arbeitsprozess immer wieder von Problematiken geprägt war, welche einen neuen, kreativen Lösungsweg erforderten.

Das erworbene Wissen, welches ich mir überwiegend selbstständig angeeignet habe, lässt mich mit Zuversicht an die Erstellung weiterer Konstrukte in psychologischen Instrumenten denken.

9) Quellen:

Anton Bucher. (2009). *Psychologie des Glücks - Ein Handbuch* (p. 288). Salzburg: Beltz PVU. Retrieved from http://www.amazon.de/Psychologie-Gl%C3%BCcks-Handbuch-Anton-Bucher/dp/362127653X/ref=sr_1_2?ie=UTF8&qid=1408032381&sr=8-2&keywords=die+psychologie+des+gl%C3%BCcks

Diener. (2007). Subjective Well-Being. *University of Illinois at Urbana-Champaign*. Retrieved August 16, 2014, from http://mina.education.ucsb.edu/janeconoley/ed197/documents/Dienersubjectivewell-being.pdf

Fordyce, M. W. (1988). A review of research on the happiness measures: A sixty second index of happiness and mental health. *Social Indicators Research, 20*(4), 355–381. doi:10.1007/BF00302333

Karlheinz Ruckriegel. (2007). Glücksforschung. *WiSt Heft 10*. Retrieved August 16, 2014, from http://www.ruckriegel.org/papers/wist_10-07-Ruckriegel.pdf

Magyar-Moe, J. L. (2009). *Therapist's Guide to Positive Psychological Interventions* (p. 200). Academic Press. Retrieved from http://books.google.com/books?id=B_j-ZTAJ-CUC&pgis=1

Mayring, P. (1991). ALLGEMEINER INTERVIEWLEITFADEN "GLÜCK." *PubPsych*. Retrieved August 15, 2014, from http://www.zpid.de/psychologie/PSYNDEX.php?search=psychauthors&id=9002398

Sheldon, K. M., & Lyubomirsky, S. (2007). Is It Possible to Become Happier? (And If So, How?). *Social and Personality Psychology Compass, 1*(1), 129–145. doi:10.1111/j.1751-9004.2007.00002.x

Stutzer Alois, & S., F. B. (2005). Does Marriage Make People Happy, Or Do Happy People Get Married? *University of Zurich and IZA Bonn*. Retrieved August 16, 2014, from http://ftp.iza.org/dp1811.pdf

Todd B.Kashdan. (2003). The assessment of subjective well-being (issues raised by the Oxford Happiness Questionnaire). *University at Buffalo*. Retrieved August 14, 2014, from http://gruberpeplab.com/teaching/psych231_fall2013/documents/231_Kashdan2004.pdf

Ulrich Trautwein. (2004). Die temporalen Facetten der Lebenszufriedenheit. *Hogrefe Verlag*. Retrieved August 16, 2014, from http://www.psycontent.com/content/45743686ggr77r57/

Veenhoven, R. (1989). Does happiness bind? Marriage chances of the unhappy. *Universitaire Pers Rotterdam*. Retrieved from http://repub.eur.nl/pub/16142

10) Anhang Fragebogen:

Was kennzeichnet Ihre innere Zufriedenheit?

Die innere Zufriedenheit resultiert aus den Wechselbeziehungen des äußeren und inneren Erlebens, sowie den Umgang mit positiven und negativen Erfahrungen. Die Bearbeitung dieses Fragebogens erfordert von Ihnen Selbstreflektion und eine ehrliche Beantwortung.

Im Rahmen dieser Studienarbeit versuchen wir anhand unserer gewählten Fragen herauszufinden, ob diese einen positiven Effekt auf die individuelle Zufriedenheit haben.

Die Fragen sind für die einfache Ankreuzung konzipiert, mehrfach oder nicht angekreuzte Antwortmöglichkeiten können nicht ausgewertet werden. Bei Rückfragen und Anmerkungen steht Ihnen die folgende Seite zur Verfügung *https://www.facebook.com/groups/694508710620502/*.

Vielen Dank für Ihr Mitwirken!

Geschlecht	m ❑	w ❑			
Alter	16-25 ❑	26-40 ❑	41-60 ❑	60+ ❑	
Haupttätigkeit	Schüler/Student/ Azubi ❑	Angestellter ❑	Selbstständiger❑	Arbeitssuchend❑	Rentne
+ ehrenamtliche Arbeit		ja ❑	nein ❑		
Beziehungsstatus	ledig ❑	feste Partnerschaft❑	Wunsch auf partnerschaftliche Beziehung ❑	verheiratet ❑	verwitw
Kinder	ja ❑	nein ❑			

Soziale Interaktion

Mit den folgenden Fragen soll die Wichtigkeit sozialer Beziehungen (wie Familie, Freundschaft, Partnerschaft) im Hinblick auf die persönliche Zufriedenheit ermittelt werden.

	trifft zu	trifft teilweise zu	trifft kaum zu	trifft nicht zu
Der Mensch ist ein Gesellschaftswesen.	❑	❑	❑	❑
Ich habe das Gefühl geliebt zu werden.	❑	❑	❑	❑
Eine Partnerschaft erfüllt mich voll und ganz.	❑	❑	❑	❑
Mein Familienleben ist intakt.	❑	❑	❑	❑
Ich habe viele Menschen, mit denen ich über alles reden kann.	❑	❑	❑	❑
Ich fühle mich wohl, wenn ich mit meinen Freunden zusammen sein kann.	❑	❑	❑	❑

Coping und Stressbewältigung

Stress ist eine subjektiv erlebte Reaktion, die der Optimierung und Anpassung unseres Organismus an physisch und psychisch veränderte Umweltbedingungen dienen soll. Im kommenden Abschnitt geht es um Strategien im Umgang mit Stress (Coping) und um die allgemeine Belastbarkeit.

	trifft zu	trifft teilweise zu	trifft kaum zu	trifft nicht zu
Selbst stressige und unerwartet, hektische Situationen können mich nicht aus dem Gleichgewicht bringen	❑	❑	❑	❑
Nach einem anstrengenden Tag kann ich gut abschalten	❑	❑	❑	❑
Ein negatives Ereignis (z.B. Trennung vom Partner, Probleme im Beruf) hat keine Auswirkungen auf mein Alltagsleben	❑	❑	❑	❑

	trifft zu	trifft teilweise zu	trifft kaum zu	trifft nicht zu
Ich besitze ein gutes Zeitmanagement, auch wenn ich ein hohes Arbeitspensum bewältigen muss	❑	❑	❑	❑
Nach einem erfolgreichen Tag hält mein Zufriedenheitsgefühl noch mindestens eine Woche lang an	❑	❑	❑	❑
Probleme versuche ich stets allein zu bewältigen, um niemanden damit zu belasten	❑	❑	❑	❑

Bitte geben Sie ein Beispiel, was Ihnen Halt gibt und sich für Sie persönlich als hilfreich bewährt hat, um ein Problem besser zu bearbeiten (z.B. Bewältigungsstrategie, Ausgleich, Religion usw.)!

 _____

Persönliche Ziele

Inwiefern tragen bei Ihnen erreichte Ziele zur Zufriedenheit bei?

Die folgenden Fragen knüpfen an Bedingungen ihres Verhaltens an. Sollten Sie sich nicht in der Lage fühlen die Aufgabe (mit „trifft zu – trifft teilweise zu – trifft kaum zu – trifft nicht zu") zu beantworten, steht ihnen das letzte Feld „keine Angabe" zur Verfügung. Beachte Sie, dass Ihre Angaben in diesem Falle nicht ausgewertet werden können.

	trifft zu	trifft teilweise zu	trifft kaum zu	trifft nicht zu	_keine Angabe_
Ein erfolgreiches Terminmanagement wirkt sich positiv auf meine Zufriedenheit aus?	❑	❑	❑	❑	❑
Macht mich eine geplante Freizeitgestaltung glücklich?	❑	❑	❑	❑	❑
Ich konnte in den letzten 2 Jahren eine schlechte Angewohnheit ablegen (Rauchen, Fingernägelkauen…), was mein Leben merklich verbessert hat !	❑	❑	❑	❑	❑
Habe ich meinen Traumberuf erreicht oder bin auf dem Weg dahin und fühle mich durch dieses Wissen positiv gestärkt?	❑	❑	❑	❑	❑
Habe ich mir im letzten Monat etwas gegönnt, das jetzt noch zu meinem Wohlbefinden beiträgt?	❑	❑	❑	❑	❑
Hat gemeinsame Zeit mit meinem Partner einen positiven Effekt auf meine Beziehung?	❑	❑	❑	❑	❑

Belohnung

Belohnungen sind „Wellness" für das Gehirn und deswegen sehr wichtig im Umgang mit sich selbst. Belohnungen sind Dinge, die von mir als reizvoll empfunden werden am Ende einer mühevollen Aktivität.

	trifft zu	trifft teilweise zu	trifft kaum zu	trifft nicht zu	Keine Angabe
Bevor ich eine langwierige Aufgabe beginne, entscheide ich mich, ob ich mich am Ende dafür belohnen will?	❑	❑	❑	❑	❑
Dient Konsum als Trost, wenn sich etwas nicht zu meiner Zufriedenheit erfüllt hat?	❑	❑	❑	❑	❑
Wenn ich mich unzufrieden fühle konsumiere ich Alkohol	❑	❑	❑	❑	❑
Wenn mir etwas misslingt bin ich zornig auf mich.	❑	❑	❑	❑	❑
Wenn ich etwas geschafft habe, was ich mir vorgenommen habe, belohne ich mich.	❑	❑	❑	❑	❑
Wenn ich die Wahl habe zwischen einer sofortigen kleinen Belohnung oder einer größeren späteren, kann ich warten.	❑	❑	❑	❑	❑

Sport

Treiben Sie mindestens 1 bis 2 mal die Woche Sport?

Wenn ja, bitte bearbeiten Sie Tabelle A (Tabelle B bitte nicht ausfüllen).

Wenn nein, bitte bearbeiten Sie Tabelle B (Tabelle A bitte nicht ausfüllen).

Tabelle A	trifft zu	trifft teilweise zu	trifft kaum zu	trifft nicht zu
Ich habe einen Bewegungsdrang	❑	❑	❑	❑
Körperliche Bewegung verbinde ich mit positiven Gedanken und Emotionen	❑	❑	❑	❑
Zeit in körperliche Bewegung zu investieren erachte ich als sehr sinnvoll	❑	❑	❑	❑
Ich fühle mich gut nach einer anstrengenden sportlichen Betätigung	❑	❑	❑	❑
Ich setze mir sportliche Ziele.	❑	❑	❑	❑
Ich bin davon überzeugt, dass Sport meine Lebensqualität erheblich steigert	❑	❑	❑	❑
Ich bin mit meiner körperlichen Statur/Figur zufrieden	❑	❑	❑	❑

Tabelle B	trifft zu	trifft teilweise zu	trifft kaum zu	trifft nicht zu
Ich habe einen Bewegungsdrang	❑	❑	❑	❑
Körperliche Bewegung verbinde ich mit positiven Gedanken und Emotionen	❑	❑	❑	❑
Zeit in körperliche Bewegung zu investieren erachte ich als sehr sinnvoll	❑	❑	❑	❑
Ich fühle mich gut nach einer anstrengenden sportlichen Betätigung	❑	❑	❑	❑
Ich habe den Vorsatz, mir in Zukunft sportliche Ziele zu setzen	❑	❑	❑	❑
Ich bin davon überzeugt, dass Sport meine Lebensqualität erheblich steigern könnte	❑	❑	❑	❑
Ich bin mit meiner körperlichen Statur/Figur zufrieden	❑	❑	❑	❑